MEHL
KAKAO PULVER
JOGHURT
PFEFFER
SALAT
CASHEW KERNE
SPÜLI
SHAMPOO
GLANZ
BACK-PULVER
LEINSAMEN
SPAGHETTI

natürlich oekom!

Mit diesem Buch halten Sie ein echtes Stück Nachhaltigkeit in den Händen. Durch Ihren Kauf unterstützen Sie eine Produktion mit hohen ökologischen Ansprüchen:

- mineralölfreie Druckfarben
- Verzicht auf Plastikfolie
- Kompensation aller CO_2-Emissionen
- kurze Transportwege – in Deutschland gedruckt

Weitere Informationen unter www.natürlich-oekom.de
und #natürlichoekom

Klimaneutral
Unternehmen
ClimatePartner.com/53585-1805-1001

oekom – Gesellschaft für ökologische Kommunikation mbH
Waltherstraße 29, 80337 München

Umschlaggestaltung, Layout und Illustrationen: Laura Tschorn
Lektorat: Lena Denu
Korrektorat: Maike Specht

Druck und Bindung: Grafisches Centrum Cuno GmbH & Co. KG

978-3-96238-331-2

FSC www.fsc.org
MIX
Papier aus verantwortungsvollen Quellen
FSC® C043106

Katharina König & Laura Tschorn

FRIEDA im UNVERPACKT-LADEN

oekom

Oje, der Mülleimer ist schon wieder am Überlaufen!

Frieda will die leere Verpackung ihres Lieblingsmüslis wegwerfen, aber sie passt einfach nicht in den viel zu vollen Abfalleimer. Immer wieder rutscht sie vom Müllberg herunter und nimmt dabei den ausgelöffelten Joghurtbecher, die zerknüllte Schokoladenverpackung und die leere Milchtüte mit.

»So ein Mist!«, schimpft Frieda.
»Wo kommt denn nur der ganze Müll her?«
Papa zeigt auf den Frühstückstisch, und da stehen tatsächlich ganz viele Verpackungen, die später im Müll landen.

KAFFEE
AGAVEN-
DICKSAFT

»Da fällt mir etwas ein!«, murmelt Papa und faltet die Zeitung auseinander. »Jetzt unverpackt einkaufen – Eröffnung unseres UNVERPACKT-LADENS«, steht da in großen Buchstaben. »Was ist das denn, ein UMverpackt-Laden?«, fragt Frieda erstaunt. »Ein UNverpackt-Laden«, korrigiert Mama. »Da kann man Lebensmittel kaufen, die nicht in einer Verpackung sind, also unverpackt.«

Das kann sich Frieda gar nicht vorstellen. Im Supermarkt sieht sie doch immer die Tüten, Dosen und Plastikbecher in den Regalen stehen und keine Berge von unverpacktem Müsli oder Mehl.

»Das will ich unbedingt mal sehen!«, ruft Frieda. Mama schlägt vor, dass Frieda heute nach dem Kindergarten zusammen mit Papa zu dem Unverpackt-Laden geht. Dann können sie auch gleich neues Müsli für morgen kaufen.

Aufgeregt kommt Frieda mit Papa beim Unverpackt-Laden an.

Klingeling, läutet eine kleine Glocke, als Frieda die Tür aufmacht. Der Laden sieht ganz anders aus als der Supermarkt, in dem Frieda sonst immer mit ihren Eltern einkaufen geht.

Frieda staunt über die vielen großen Glasbehälter an den Wänden mit Holzgriffen dran und den Tisch mit weiteren Gläsern. Darin sind viele verschiedene Dinge: Nudeln, Reis, Bohnen, Haferflocken, Mehl, und sogar Schokolade und Gummibärchen kann Frieda entdecken.

»Guten Tag, kann ich euch helfen?«, fragt eine Verkäuferin. Papa erklärt, dass Frieda und er zum allerersten Mal in einem Unverpackt-Laden sind. Die Verkäuferin lächelt, und dann erklärt sie, wie das Einkaufen hier funktioniert.

Eigentlich bringt man von zu Hause leere Gefäße, wie zum Beispiel Gläser oder Dosen, mit. Aber wenn man das wie Frieda und Papa vergessen hat, gibt es zum Glück einen Korb, aus dem man sich ein Glas nehmen kann. Das muss man dann zuerst leer auf eine Waage stellen.

»Kannst du schon lesen, wie viel das Glas wiegt?«, fragt die Verkäuferin. Frieda muss sich ein bisschen auf die Zehenspitzen stellen, aber dann kann sie die Zahlen lesen: »Zwei, sechs, null«, erkennt Frieda. »Genau richtig«, freut sich die Verkäuferin. »Das Glas wiegt leer 260 Gramm.« Papa schreibt das Leergewicht auf das Glas. Das ist wichtig, damit man am Ende auch nur das bezahlt, was im Glas drin ist.

Fruchtmüsli
Hafer Crunchy
Haferflocken
Schokomüsli
Cornfla
260g

»Was willst du denn nun gerne einkaufen?«, möchte die Verkäuferin wissen. »Müsli!«, ruft Frieda. Das braucht sie unbedingt fürs Frühstück morgen! Die Verkäuferin führt Frieda zu einem hohen Regal mit ganz vielen Behältern voller Müsli.

Zuerst kann sie sich gar nicht entscheiden, doch dann nimmt Frieda das Schokomüsli. Sie liebt Schokolade! Nun zeigt ihr die Verkäuferin, wie sie das Müsli ins Glas füllt. Dazu holt sie einen glänzenden silbernen Trichter und setzt ihn aufs Glas. »Den brauchen wir, damit das Müsli auch sicher im Glas landet und nichts danebengeht«, erklärt sie.

Jetzt darf Frieda den Holzgriff am Behälter vorsichtig nach unten drücken. Das Müsli fängt an ins Glas zu rieseln. »Pass auf, dass es nicht überläuft!«, warnt Papa. Aber Frieda drückt den Griff rechtzeitig wieder nach oben. Jetzt wird das Glas zugeschraubt. »Nun kannst du das Müsli bei meinem Kollegen Lars an der Kasse bezahlen«, sagt die Verkäuferin.

Frieda reicht dem Mann an der Kasse ihr Müsliglas.
»So, jetzt wiege ich dein Müsli, und die Kasse rechnet dann aus, was es kostet«, sagt Lars. Er stellt das volle Glas auf eine Waage.
»Aber du wiegst ja auch mein Glas mit!«, bemerkt Frieda.

»Das Glas musst du natürlich nicht bezahlen. Deshalb darf ich die 260 Gramm, die dein Papa aufs Glas geschrieben hat, nicht berechnen«, erklärt Lars. Das Müsli kostet 2,75 Euro. Papa gibt dem Verkäufer 3 Euro und bekommt noch 25 Cent zurück.

»Vielen Dank«, sagt der Verkäufer. »Lass dir dein Müsli schmecken und bis zum nächsten Mal!« Frieda will unbedingt wiederkommen. Es gibt schließlich noch so viel zu entdecken hier, und das Einkaufen ist viel spannender als im Supermarkt!

Als Mama am Abend von der Arbeit nach Hause kommt, erzählt Frieda ihr sofort von dem Einkauf im Unverpackt-Laden. »Da musst du unbedingt auch mal mit mir hingehen!«, ruft sie begeistert. Mama sagt, dass sie sowieso in den nächsten Tagen die Zutaten für einen Kuchen einkaufen will. »Aber dann brauchen wir viele leere Gläser«, überlegt Frieda. Mama verspricht ihr, dass sie gleich morgen im Keller nach leeren Gläsern schauen werden.

Und jetzt darf Frieda, obwohl gar keine Frühstückszeit ist, das frisch gekaufte Schokomüsli probieren. Es schmeckt sooo lecker! Das finden auch Mama und Papa!

Am nächsten Tag gehen Frieda und Mama wie besprochen im Keller auf die Suche nach leeren Gläsern für den nächsten Einkauf im Unverpackt-Laden. Dieses Mal will Frieda schließlich gut vorbereitet sein! Mama hat extra die Zutatenliste für den Bananenkuchen dabei, den sie backen möchte.

»Wir brauchen ein großes Glas für 230 Gramm Mehl«, verkündet Mama.
Frieda findet ein passendes Glas. Auch für alle anderen Zutaten findet sie Gläser in der richtigen Größe. Für das Backpulver und den Vanillezucker sucht Frieda zwei ganz kleine Gläschen aus, denn davon kommt nur ganz wenig in den Teig.
Auch Schokostreusel kommen in den Kuchen.
Dafür nimmt Frieda extra ein etwas größeres Glas.
Schokolade kann man schließlich nie genug haben!

Frieda und Mama machen sich mit all den Gläsern auf den Weg zum Unverpackt-Laden. Das Klingeling beim Hineingehen kennt Frieda jetzt schon, und dann sieht sie auch gleich den Verkäufer Lars.

»Dieses Mal habe ich meine Mama mitgebracht und ganz viele leere Gläser«, erzählt Frieda aufgeregt. Mama schaut sich interessiert im Laden um. »Aber wie kommen die Lebensmittel denn eigentlich hier bei euch im Laden an?«, will Mama wissen. »Kommt mit, das zeige ich euch in unserem Lager«, sagt Lars.

Frieda staunt über die hohen Regale mit ganz vielen Papiersäcken, Eimern und Blechdosen. »Wir bekommen unsere Produkte entweder in wiederverwendbaren Behältern oder in großen Papiersäcken«, erklärt Lars. »So können wir in einem Jahr tausende Verpackungen sparen, das sind mehrere hundert Kilogramm Plastik.«

Frieda staunt. Das ist wirklich viel! Aus dem Kindergarten weiß sie, wie wichtig es ist, weniger Plastik zu benutzen. Viel Plastik landet nämlich leider im Meer und ist für die Tiere dort sehr gefährlich. Sie freut sich, dass sie mit ihrem Einkauf hier helfen kann, Plastik zu sparen.

Und los geht's! Frieda weiß jetzt schon, dass sie alle Gläser zuerst wiegen muss. Dann zeigt ihr Lars eine Kiste mit verschieden großen Löffeln, Zangen, Schaufeln und Trichtern. »Schau mal, damit kannst du deine Gläser befüllen«, erklärt Lars.

Für das Mehl nimmt Frieda einen großen Trichter und eine Schaufel.

Für das Backpulver und den Vanillezucker nimmt sie einen kleinen Löffel.

Und auch Gummibärchen darf Frieda ein paar einpacken. Dazu nimmt sie eine kleine Zange.

Als Letztes füllt Frieda die Schokostreusel ein. »Ups!«, ruft sie plötzlich erschrocken. »Jetzt sind zu viele Streusel rausgekommen, und sie passen nicht mehr ins Glas!« Frieda hat den Griff zu lange gedrückt, und das Glas läuft über.

Aber Lars hilft ihr, die restlichen Streusel in ein zweites Glas zu füllen. »Das wird jetzt ein Kuchen mit extra vielen Schokostreuseln«, freut sich Frieda, und alle müssen lachen.

Zu Hause machen sich Frieda und Mama gleich ans Kuchenbacken. Frieda zerdrückt zuerst die Bananen und mischt sie mit dem Öl, dem Zucker und dem Vanillezucker in einer großen Schüssel. Dann wiegt sie das Mehl und die Haselnüsse ab und gibt sie zusammen mit dem Backpulver dazu.

Jetzt kommen noch ein paar Rosinen und natürlich extra viele Schokostreusel in den Teig. Und dann ab in den Ofen mit dem Kuchen!

Beim Aufräumen kommt dieses Mal gar nichts in den Müll. Die leeren Gläser räumt Frieda in die Spülmaschine und die, in denen noch etwas drin ist, in den Schrank. Nachdem der Kuchen ausgekühlt ist, gibt es für jeden ein Stück.

»Mhmm, der ist aber lecker«, sagt Frieda mit vollem Mund. »Ja, das stimmt, und da freut sich auch unser Mülleimer«, lacht Mama und zeigt auf den fast leeren Mülleimer.

Am nächsten Tag darf Frieda zwei Stücke Kuchen mit in den Kindergarten nehmen. Eines für sich und eines für ihre Freundin Jana. Stolz berichtet sie ihrer Freundin, der Erzieherin Ella und den anderen Kindern von ihren Erlebnissen im Unverpackt-Laden.

Alle wollen wissen, wie das mit dem Abwiegen und Einfüllen in die Gläser funktioniert.

Ella ist begeistert und hat die Idee, nächste Woche mit allen Kindern einen Ausflug in den Laden zu machen. »Und du kennst dich dann schon aus und kannst uns alles zeigen«, freut sich Ella. »Ja, ich bin dann der Unverpackt-Profi!«, lacht Frieda.

Bananen-Schoko-Kuchen

Zutaten

- 3 sehr reife Bananen
- 230 g Mehl
- 50 g gemahlene Haselnüsse
- 4 TL Backpulver
- 80 g Zucker
- 2 TL Vanillezucker
- 80 ml neutrales Öl
- 50 g Schokostreusel
- Rosinen nach Belieben

Möchtest du Friedas leckeren Kuchen auch mal backen? Vielleicht gibt es sogar einen Unverpackt-Laden in deiner Nähe, in dem du die Zutaten kaufen kannst.

1. Bananen schälen und mit einer Gabel auf einem Teller zerdrücken.

2. Zerdrückte Bananen mit Öl, Zucker und Vanillezucker in einer Schüssel vermischen.

3. Mehl, Haselnüsse und Backpulver unterrühren.

4. Schokostreusel und Rosinen untermischen.

5. Eine Kastenform (25 bis 30 cm) einfetten und den Teig gleichmäßig in der Form verteilen.

6. Im vorgeheizten Backofen bei 170 Grad Ober-/Unterhitze ca. 40 Minuten backen.

7. Aus dem Ofen holen, kurz ruhen lassen und dann aus der Form stürzen.

8. Guten Appetit!

Danksagung

Mein Dank gilt allen, die auf vielfältige Weise dazu beigetragen haben, dass wir dieses Buch nun in den Händen halten können.

Ich danke den Mitarbeiter*innen des oekom verlags für die vertrauensvolle Zusammenarbeit und Laura Tschorn, die durch ihre wundervollen Illustrationen die Geschichte zum Leben erweckt hat.

Besonders danke ich meinen Patenkindern Nora und Tabea, die die ersten begeisterten Zuhörerinnen von Friedas Geschichte waren, meinen Eltern, meiner Schwester und meinem Partner für ihre wertvollen Ratschläge, die Inspiration und den Glauben an meine Idee.

Ein ganz herzliches Dankeschön geht außerdem an all die vielen Menschen, die durch das Crowdfunding des oekom verlags die Veröffentlichung dieses Buches überhaupt möglich gemacht haben!

Katharina König

© Nicolas Doerr

Während ihres Studiums der Sonderpädagogik beschäftigte sich *Katharina König* intensiv mit Kinder- und Jugendliteratur. Aktuell ist sie als Projektleiterin eines Mentoring-Programms tätig, das u. a. die Förderung der Lesekompetenz von Grundschüler*innen zum Ziel hat.

© parcours 2019

Laura Tschorn hat an der Münster School of Design Illustration studiert. 2021 veröffentlichte sie ihr erstes Kinderbuch »Wenn Tiere träumen«. Mit ihren Bildern schafft die Illustratorin Charaktere, in denen man sich wiederfindet und die zum Schmunzeln anregen.

Minze
Früchte
Fenchel
Wiederbefüllbar
Frisch gepresst!
Heimische Früchte
Zahnpasta Tabs